शाख़

हेमंत मासीवाल

लिखने वाले और पढ़ने वाले के अंतर्मन के नाम..

क्रम-सूची

क्रम-सूची

क्रम-सूची

1. ज़माने के बाद

क्या मिलता है इतना कमाने के बाद?

इश्क़ गुलाबों का, ख़ुशबू गंवाने के बाद

फ़िर क्या मिला, कुछ तो कहो

ज़माने पर सब कुछ लुटाने के बाद?

क्यों हंसी में है कुछ कैद मायूसी?

रो भी लेना चल, सब बताने के बाद

इक हाथ में कलम और जाम आधा सा

मिलता है इतना ही तो अक्सर निभाने के बाद

चलें यूँ कब तक, इस ही के तौर पे

आता ही होगा कुछ तो कहो ज़माने के बाद?

2. गिरफ़्तार

आज फ़िर वही
इक बार हो गया

गुनाह उनकी आंखों का
और मैं गिरफ़्तार हो गया

3. ये सूरज

ये सूरज फ़िर से ढल गया

चराग मेरी झोपड़ी में फ़िर से जल गया
बैठे रहे हम फ़िर सारी रात राहों पर
वो आया फिर से
और फ़िर निकल गया

4. होश सम्भाले रखना

जुगनुओं को ताकते
रोशनी को आंकते
झरोखों से तुम यूँ ही
उंगलियां निकाले रखना
मैं मदहोश हवा सा आऊंगा
तुम होश सम्भाले रखना
ढूंढने को अक्स वो मैं तुम्हारा
गली तुम्हारी आऊंगा
करने को मदद तुम आंगन में
मद्धम उजाले रखना
मैं मदहोश हवा सा आऊँगा
तुम होश सम्भाले रखना
करने को तुमसे मैं मोहब्बत
आऊंगा फिर ख्वाबों में
न करनी हो तो कोई बात नही
मोहब्बत का तुम मग़र वहम सा पाले रखना
मैं मदहोश हवा सा आऊंगा
तुम होश सम्भाले रखना
एक ख़ामोशी सी रखना
होठों पे अपने तुम
मैं लाऊंगा संग कुछ चाबियां
तुम होठों पे ताले रखना

मैं मदहोश हवा सा आऊंगा
तुम होश सम्भाले रखना
कुछ बारिशें और धूप कुछ
और पतझड़ों का रूप कुछ
मुलाकात पर हमारी
तुम मौसम मतवाले रखना
मैं मदहोश हवा सा आऊंगा
तुम होश सम्भाले रखना
माहताब के तले
हौले चमचमाना तुम
और उस चाँद पर अपनी ज़ुल्फ़ों का
तुम डेरा सा डाले रखना
मैं मदहोश हवा सा आऊंगा
तुम होश सम्भाले रखना

5. इंतज़ार

करते शाम का इंतज़ार दिल्लगी निकल गयी
करते जाम का इंतज़ार तिशनगी निकल गयी
वो कहते रहे कि जियेंगे एक रोज़
करते इंतकाम का इंतज़ार ज़िन्दगी निकल गयी

6. यूँ ही अक्सर

यूँ ही अक्सर इक नज़र फ़िराते होंगे क्या?
वो हमें देख कर, गुज़र जाते होंगे क्या?
यूँ ही आते होंगे क्या, यूँ ही जाते होंगे क्या
किस्से पुराने ख़ुद को कभी सुनाते होंगे क्या?
खायी हैं न जाने कितनी ही अब तलक
झूठी वही कसमें वो अब भी खाते होंगे क्या?
नज़रों पे देता पहरा पर्दा वो पलकों का
हमें याद करके अब भी गिराते होंगे क्या?
तपिश सी बढ़ रही है दिल में यूँ आज कल
वो ख़त हमारे नाम के जलाते होंगे क्या?
तब क्या थे हम और क्या नहीं
कहानी वो पूरी सबको बताते होंगे क्या?
एहसास मिरा और वो धागे दो रेशम के
चेहरे को उनके अब भी सताते होंगे क्या?
किस्सा मोहब्बत का मिरी रहेगा न महफ़ूज तो?
ये कब्र पे रखे फूल किस्से सुनाते होंगे क्या?

7. पानी

पानी
कल्कल् बहता
अपने अंदर समेटे किस्से
किस्से उस पत्थर के
जिसे चूम कर वो टूटा
मग़र टूटा भी नही
किस्से
किस्से उस कली के
जिसे छूकर आहिस्ता
वो गुज़र आया था
किस्से हर बार
जब वो मुड़ गया
रुका नहीं मग़र
सर्द हवाओं में ठोस हो जाना
और गर्म साँसों में धुआँ
सब कुछ तो आता है उसे
हो जाना
बिना टूटे
बिना रुके
बस बहना
कल्कल् हर पल
मद्धम हर दम

हेमंत मासीवाल

झील के किनारे
सूनी उंगलियाँ
लबरेज़ वक़्त से
भिगोते आज फ़िर सोचा
हर इतवार की तरह
क्या करूं?
पानी हो जाऊँ?

8. दरिया

मन बेरंग पर
कहानी का दरिया
एक ताल बचपन का
एक जवानी का दरिया
जो है अब हिस्से में अपने
वही इक उनकी निशानी का दरिया
ढलता है सूरज जिस के पीछे मेरा
वही इक शाम सुहानी का दरिया
जिसमें उतरे, फ़िर न ठहरे
अदाओं वाला, उस दीवानी का दरिया
गुज़रे ज़माने हम को यूँ ही
भरते अश्कों से, बिन पानी का दरिया

9. मत माँगो

दे देंगे सब एक बार को बस जवाब मत माँगो

नींदें भी छीन लो सारी बस ख्वाब मत माँगो

रहने दो मिरी ज़िन्दगी यूँ ही ये हालत खराब मत माँगो

मत छीनो जीने का आसरा हमसे शराब मत माँगो

माँग लो पत्थर सारे ये दिल नायाब मत माँगो

किसने किया ये दिल पत्थर हमसे जवाब मत माँगो

चीर, छत, दर, मुहर सब माँग लो तुम हमसे

सुनो मगर हमारा तुम हमसे रुआब मत माँगो

10. जिंदगी

सफ़र सफ़र की बात है पहर पहर की बात है
जिंदगी है दरिया सी लहर लहर की बात है
ख्वाब इक हुआ मुकम्मल इक नेस्तोनाबूत हुआ
जिंदगी है दुआ सी मेहर मेहर की बात है
कोई उजड़ा बेपनाह कोई हो चला फिर लापता
ज़िन्दगी है मौसम सी कहर कहर की बात है
किसी की है उखड़ी ज़रा किसी की तुक में बैठती
ज़िन्दगी है ग़ज़ल सी बहर बहर की बात है
कोई है शब में लापता कोई उठा बेबाक सा
ज़िन्दगी तेरी मेरी सहर सहर की बात है
कहीं है मन्ज़िल सामने कहीं धुंधले से रास्ते
ज़िन्दगी अनजान सी शहर शहर की बात है
कोई है रुखसत हो चला कोई है पीकर जी गया
ज़िन्दगी एक घूँट सी ज़हर ज़हर की बात है

11. बहुत थे

मर्ज़ सी उतरी थी रगों में जब गरीबी
दिखा जेब में सिक्के तुमने नुस्खे बताए बहुत थे
मौत सा गुज़रा था जब पतझड़ इन गलियों से
झरोखों से अपने सावन तुमने दिखाए बहुत थे
उभरे थे घाव से जब ग़म बदन पे मेरे
अंगारे तुमने उन पर सलीक़े से सजाए बहुत थे
मैं सोचता रहा क्यों ख़्वाब मुकम्मल नहीं होते
डाल तिजोरी में हाथ ख़्वाब चुराए बहुत थे

12. खैरियत

सब खैरियत?
हाँ
सब खैरियत
तुम कहो
सब खैरियत?
हाँ
खैरियत
धुंआ कचौड़ी से उठना
अब कम हो चला है
शोर है
सन्नाटा भी
शोर मन में है
और सन्नाटा भी वहीं
सड़क पर क्या है
पता नहीं
चाय देख रही है
माँ देखती है जैसे
बच्चे को
गले लगाने की आस में
और प्रेमिका
अपने प्रेमी को
आँखे

न झूठ आता है
न सच सिखा पाया
क्या ही बोली होंगी
वो जाने
उसकी आँखें भी कहाँ पढ़ पाता था
काजल की एक लकीर
सब तो छुपा रही होती है
उसके पार
कौन गया है बोलो?
वो उठी
हाथ हिला कर अलविदा कहा
आखरी बार शायद
और मुड़ गए
एक बार और पूछना चाहिए था ना
सब खैरियत?
और मैं फ़िर झूठ कहता
'सब खैरियत'

13. ले आओ

ज़िंदगी में ज़िंदगी इक दफ़ा ले आओ
निगाहें ख़फ़ा सही तुम्हारी, ख़फ़ा ले आओ
ज़ख़्म रूहानी मिरे ताज़े के ताज़े हैं
यूँ दो अश्क और दो साँसें, दवा ले आओ
कतारें अश्कों की भी काफी है जिस्म को
दिल सही तुम्हारा बेवफ़ा, बेवफ़ा ले आओ
पुराने हो चले हैं सारे के सारे अब
अब खंजर दराज़ से नये , हमनवा ले आओ
घुटता है दम बड़ा यूँ पल पल जो आज कल
लहरा दो अपनी ज़ुल्फें, हवा ले आओ
दिलाने को याद फ़िर सुनो हमको हमारे मायने
झूठी सही बेमन से ही, इस जानिब वफ़ा ले आओ
ज़िंदगी में ज़िंदगी इक दफ़ा ले आओ
निगाहें ख़फ़ा सही तुम्हारी, ख़फ़ा ले आओ

14. हजारों

देखे हैं जज़्बात हजारों
सहे हैं इल्ज़ामात हजारों
सहते इल्ज़ामात बिखरते
देखे हैं नादान हजारों
सुनी सुनाई बात हजारों
आँखों देखे हालात हजारों
कही सुनी पे खून के प्यासे
होते देखे बे बात हजारों
इश्क़ के पहरेदार हजारों
अशिक़ थे हर बार हजारों
पहरेदारों के भी लुटते
देखें हैं घर-बार हजारों
देखे हैं दुनियादार हजारों
उनके अपने हथियार हजारों
मोह में उन हथियारों के
देखे मरते हर बार हजारों
देखे फ़िर जान-ए-बहार हजारों
करते उनका दीदार हजारों
कौम क्या जानू आशिकों की
लफ्ज़ थे सौ, और सार हजारों
देखे औरों के ख़्वाब हजारों
"मैं" सल्तनत के नवाब हजारों

गुम थे लेकिन हर किसी में
सौ अदब, आदाब हजारों

देखे हमने किरदार हजारों
कुछ बेहतरीन बेकार हजारों

इस पार कुछ ही रोये संग
ज़ालिम हँसे उस पार हजारों

देखे हमने फनकार हजारों
कुछ मद्धम और तर्रार हजारों

बात काज की कुछ सौ करते
थे करते हाहाकार हजारों

देखे हमने बाज़ार हजारों
बाज़ार के साहूकार हजारों

अदब का सौदा करने वाले
इश्क़ के इश्तेहार हजारों

देखे हमने बीमार हजारों
भले से कुछ नासार हजारों

कुछ मर्ज़ से तन के थे वैसे
मन से थे पर लाचार हजारों

जीत सौ और हार हजारों
ले चला मैं याद हजारों

होंगी बारे में अपने भी
भली सौ, बुरी बात हजारों

15. पन्ना

न जाने कितनों दिल को तोड़ रखा है,
न जाने कितनों से फिर भी नाता जोड़ रखा है
यूँ तो अक्षर-बा-अक्षर हम हैं बढ़ चले,
तेरी यादों का पन्ना आज भी कोने से मोड़ रखा है

16. ढूँढ रहा हूँ

फ़साने में ज़िन्दगी के तेरी कहानी ढूँढ रहा हूँ
एक अरसे से यूँ बारिशों में पानी ढूँढ रहा हूँ

17. कश्ती

ये कश्ती मेरी वो तेरा किनारा

इतना सा है क़िस्सा हमारा

तूफां में थे जब बेसहारा

यादों ने तेरी मंज़र सँवारा

भँवर में मैं मांझी बेचारा

हर पल सनम तुझको पुकारा

उस पल मैं जीता उस पल मैं हारा

तेरा ख़्वाब रहा बस एक सहारा

अंधेरों ने थामा जो हाथ हमारा

तुझ चाँद को हमने फ़िर निहारा

है हसरत की जाएं अब डूब मग़र

रुक जाएं ये है न हमें ग़वारा

ढूंढा था मैंने जो किनारा

ख़ुशबू ने तेरी फ़िर किया इशारा

ये कश्ती मेरी वो तेरा किनारा

इतना सा है क़िस्सा हमारा

18. फ़ितूर

आवाज़ नहीं आती
इस दिल मजबूर में
लगता है डूबा
किसी नाज़नीं के फ़ितूर में
एक अरसा हो गया
न आई कोई ख़बर
गुमनाम सा हो चला
ये शहर मशहूर में
आंखें भी खोलता नही
बातें भी बोलता नही
है नहाया न जाने
किस सितारे के नूर में
धड़कता है
बेधड़क सा आजकल
कहाँ की अकड़ है
न जाने हुज़ूर में
लगता है डूबा
किसी नाज़नीं के फ़ितूर में

19. ग़ज़ल सुनाता हूँ

दिल के दरमियां की
हलचल सुनाता हूँ
ज़्यादा कुछ नही साहब

ग़ज़ल सुनाता हूँ

20. निगाहों पे

निगाहों पे अपनी
एक नाम सजाया है
दरिया पे क्यों हमने
ये गाँव बसाया है
कहता है ज़माना
हो रौशन क्यों आजकल
इल्म कहाँ किसी को
हमने चाँद चुराया है
नज़र न लगे
था ख़्याल पूरा
उसे हमने इसलिए
सब को ख़्वाब बताया है
काँटों से चलकर
परे फ़िर कुछ आगे
पन्नों के दरमियां हमने
फ़िर एक फूल छिपाया है
निगाहों पे अपनी
एक नाम सजाया है
दरिया पे क्यों हमने

ये गाँव बसाया है

21. छोड़ दो

पहन लो अब ख़ामोशी
उन को बुलाना छोड़ दो
याद भी कितना कर लोगे
अब तो भुलाना छोड़ दो
दाँव लगाना छोड़ दो
सब कुछ गंवाना छोड़ दो
आदत बुरी है एक बस
ये दिल लगाना छोड़ दो
जग का खज़ाना छोड़ दो
ख़ुद को सताना छोड़ दो
लुटने लगे हो दर बदर
ऐसे कमाना छोड़ दो
सबको बताना छोड़ दो
सब कुछ समझाना छोड़ दो
बाकी जिन में हो कुछ नहीं
रिश्ते निभाना छोड़ दो
दामन पुराना छोड़ दो
बीता ज़माना छोड़ दो
जिसके तुम अब किरदार नही
ग़मगीं फ़साना छोड़ दो
छोड़ो ज़माना छोड़ दो
मेला बेगाना छोड़ दो

ले जाना था ये भी, वो भी
अब क्या ले जाना, छोड़ दो

22. जाने दो

दर्द, दराज़ें, मौसम, रातें
तुम क्या जानो, जाने दो
कितने किस्से
पी जाया करते हैं
ज़ख़्म भी कितने
सी जाया करते हैं
ज़ख़्म, किस्से, जाम और दिल
तुम क्या जानो, जाने दो.
रूह से हवाओं की
खुशबू चुराया करते हैं
मोहब्बत इस कदर
यूँ ही निभाया करते हैं
खुशबू, पहेली, मोहब्बत अकेली
तुम क्या जानो, जाने दो.
लोग हमें अक्सर
यूँ बताया करते हैं
इस कदर दिल
नहीं लगाया करते हैं
दिल्लगी, दिल पे लगी
तुम क्या जानो, जाने दो.
पलकों पर मिरी अब
फ़रिश्ते आया करते हैं

रोशनी का टुकड़ा
तेरी सूरत सा लाया करते हैं
नूर, नज़र, याद भर
तुम क्या जानो, जाने दो.
बेबस हैं बेचारे हैं
सबको बताया करते हैं
वक़्त में ख़ाली अब हम
तुम को भुलाया करते हैं
याद, वक़्त, मैं और तुम

तुम क्या जानो, जाने दो

23. जा रही है

देख क्षितिज से
तेरी मेरी बात जा रही है
हाथों से फिर हमारे

ये बिसात जा रही है
आ जा भी की

है शाम बस
वर्ना आहिस्ता फिर
ये मुलाकात जा रही है

24. ख़्वाब

एक बुरा सा ख़्वाब देखा था कल मैंने
एक ख़्वाब जिसने झकझोर कर रख दिया है मुझे और मेरी
रूह को

इस क़दर की डरता हूँ! डरता हूँ कि कहीं आंख न लग
जाए फ़िर से,
कहीं फ़िर से न ये पलकें बोझल सी हो जाएं

और कहीं फ़िर से मैं ख़्वाबों के बीच उलझ कर न रह
जाऊँ!

डरता हूँ कि कहीं जैसे मिट्टी को लपेटकर झकझोर देती हैं
नीम की जड़ें वैसे ही,

वैसे ही कहीं वो बुरा सा ख़्वाब मुझे लपेटकर,

ज़रा मरोड़कर तोड़कर न उठा फेंके
एक बुरा सा ख़्वाब देखा था कल मैंने,
हाँ तुम आयी थी चलकर फ़िर से मेरे पास.
जन्नत का नूर बिखरा था इर्द-गिर्द तुम्हारे और उस धुँधली
सी रोशनी में तुम्हारी आँखें

वैसे ही चमक रही थी, वैसे ही जैसे मेरी आँखें
झिलमिलाया करती थी तुम्हारी मुस्कुराहटों पे.
तुम्हारी पायल वैसा ही शोर कर रही थी,
वैसा ही जैसे मेरी धड़कनें किया करती थी,
तुम्हारे अचानक ही क़रीब आ जाने पर.
तुम जो आ रही थी तो लग रहा था जैसे इस बार
आओगी,

कभी न जाने के लिए और मैं,

मैं वही सोचकर कभी न उठने की कसम खा चुका था
तुमने पास आकर कुछ कहा नही, बस मेरी आँखों में झांका
इक दफ़ा वैसे ही,

वैसे ही जैसे शीरीं ने फ़रहाद की आंखों में झांका होगा
शायद.

तुम्हारी वो नाज़ुक सी, हल्की हवा में झूलती हुई लट

जो कान के पास आकर तुम्हारे झुमकों से लड़ रही थी वैसे
ही,

वैसे ही जैसे तुम्हारी उंगलियां मेरी उंगलियों से लड़ा करती
थी.

तुम्हारी भूरी नूरानी आंखें और उससे सटे नाज़ुक रुख़सार

जो हया से आज भी गुलाबी थे याद दिला रहे थे वैसे ही,

वैसे ही, जैसे सुबह का सूरज याद दिलाता है

ओस को कसमें मोहब्बत की सारी उसे सहसा ही रोशन करके
डर से सिहर उठा था मैं,
डर,की कहीं फ़िर से न चाह बैठूँ तुम्हें
डर,की कहीं फ़िर लड़कपन के जोश में न मारा जाऊँ
डर,की कहीं ख़ुद को फ़ना न कर लूं तुम्हारे आग़ोश में फ़िर से
डर, की कहीं वो मोहब्बत न हो जाए दोबारा जिसका कोई मक़ाम नहीं
डर, की कहीं मैं "मैं" से ज़्यादा "तुम" न हो जाऊं, फ़िर से.. डरता हूँ कि
अगर फ़िर से ये सब हो गया तो सम्भालेगा कौन,
अगर फ़िर से ये सब हो गया तो बचाएगा कौन,
अगर फ़िर से ये सब हो गया तो निभाएगा कौन,
और अगर फ़िर से ये सब हो गया तो छुपाएगा कौन

बस इसलिए आंखें खोल ली दोबारा और तुम्हें जाने दिया,

अब 'मन' नही है तुम्हें अपना बताने का,

तुम्हारा हो जाने का.. मग़र अब डरता हूँ,
की कहीं फ़िर से आंख न लग जाए

कहीं फ़िर से ख़्वाब न देख लूँ वही और ख़्वाब में कहीं
फ़िर से तुम, हाँ कहीं तुम न हो

हाँ,एक बुरा सा ख़्वाब देखा था कल मैंने

25. नहीं करते

वो वहाँ हमें
अब याद नहीं करते
हम भी यहां उनकी
अब कोई बात नहीं करते
पहले हो जाती थी
अक्सर ही यूँ तो
मगर गिनते सितारे

अब हम ज़ाया रात नहीं करते

26. कर दूं?

लम्हे अपने में कुछ बेकार कर दूँ?
कश्ती को समंदर के पार कर दूँ?
कर जज़्बातों को सवार अल्फ़ाज़ों पे
मैं कलम से मोहब्बत का इज़हार कर दूं?

27. कहूँगा

शाम को सुबह
रात को दिन कहूँगा
ज़िन्दगी को मौत

मैं तेरे बिन कहूँगा

28. ग़म चुनिंदा

ग़म चुनिंदा
यादें चुनिंदा
कायम इतने
से है पुलिंदा
ख़ुद का ही साहिल
ख़ुद ही में तूफ़ाँ
फ़रिश्ता भी मैं
मैं ही दरिंदा
साँसों में साँसें
उलझेंगी कब तक
कब का मैं मुर्दा
कब तक हूँ ज़िंदा
इज़हार ही है
मुखबिर बुरा तो
संग खत है जकड़ा
कल एक परिंदा
ग़म चुनिंदा
यादें चुनिंदा
कायम इतने
से है पुलिंदा

29. क्यों

चुभने लगी है धूप जिस्म को

ये आसमां इतना खुला क्यों है
आँखे हो चली हैं दरिया सी अब अपनी
ये ग़म दिल में इतना पला क्यों है
चमकता है आबरू का दामन बहुत
ये दामन भला इतना धुला क्यों है
है लड़खड़ाता राहों में अक्सर ही आजकल
ये मुसाफ़िर भला इतना चला क्यों है
न मिल रही है राख भी अब तो मोहल्ले में
खातिर किसी के दिल इतना जला क्यों है
हो चले हैं अंधे अब तो सब ज़माने में
आंखों में सबकी सच इतना खला क्यों है

30. ओ रहनुमा

ओ रहनुमा

ओ रहगुज़र

क्यों भटकता है

दर ब दर

रहता है तू क्यों बेसबर

बेहाल क्यों चारों पहर

है झांकता घरौंदों में

पर है ख़ुद से ही बेख़बर

अंधेरों को ओढ़कर

उजालों को छोड़कर

है जोड़े नाउम्मीदियाँ

क्यों तू ख्वाबों को तोड़कर

तू था लहर

तू था कहर

क्यों गया है आजकल

दरिया के बीच तू ठहर

आहिस्ता रहा बिखर

तकिये पकड़े क्यों रहा बिफ़र

तूफ़ाँ नहीं बस झोकों से

भी क्यों रहा है अब सिहर

खुदा की मेहर

उजाले और सहर

सब खोये हैं क्यों
ये पल वो पहर
ओ रहनुमा
ओ रहगुज़र
क्यों भटकता है

दर ब दर

31. मुझे पता है

मुझे पता है

मुझे पता है बहुत कुछ उसके बारे में

वो भी जो शायद वो नही जानती

मुझे पता है अंदाज़ उसके आने का

सुबह के आसमान में धूप सी घुल जाने का

मुझे पता है अंदाज़ उसके जाने का

शाम की कहानियों में हवाओं सी शुमार हो जाने का

मुझे पता है वो कैसे मुस्कुराती है

रिश्ता कोई जैसे वो ज़िन्दगी से निभाती है

कैसे वो फ़िर धीरे से शर्माती है

जैसे ग़ज़ल कोई कभी मेरे दिल में रह जाती है

मुझे ये पता है वो बाल कैसे बनाती है

बेशक़ ही धागों को रेशम के पुरज़ोर सजाती है

मगर बेखयाली में कैसे वो डोरियां उसके माथे पर आ

जाती हैं

मुझे पता है कैसे वो मुझे देखती है

आंच पर बेरुख़ी की कैसे मोहब्बत सेकती है

मुझे पता है वो कैसे बात करती है

ये खुदाई जैसे ख़ुदा को याद करती है

मुझे पता है कैसे वो हर बात सुनती है

बटोरकर वो धागे एक ख़्वाब बुनती है

मुझे पता है वो कैसे रुठ जाती है

डोर जैसे शाम की रोशनी से टूट जाती है
मुझे पता है फ़िर कैसे वो मान जाती है
कलियों में हर सुबह जैसे फ़िर जान आती है
मुझे पता है वो कभी ज़रा परेशान रहती है
डगर जैसे जन्नत की भी सुनसान रहती है
मुझे पता है उसको है शायद मालूम नहीं
उसकी जान में मग़र मेरी भी जान रहती है
वो नायाब है
जवाब है
रुतबा और रुआब है
एक शायरी का ख़्वाब है
जिसके पन्नों पे है जिंदगी
वो ऐसी हसीं क़िताब है
हाँ मुझे पता है

ये सब, पता है मुझे

32. आने देता हूँ

दिल बहलाने देता हूँ

मुस्कुराने देता हूँ

लोगों को मैं अपने

घर में आने देता हूँ

थोड़ा हंसाने देता हूँ

जी भर रुलाने देता हूँ

रुलाने हंसाने के

मैं सबको बहाने देता हूँ

सम्भल जाने देता हूँ

बिखर जाने देता हूँ

रुक जाएं तो अच्छा

वरना गुज़र जाने देता हूँ

सब कह जाने देता हूँ

होके रह जाने देता हूँ

कुछ को करके किनारे

कुछ को बह जाने देता हूँ

कुछ को रुकने को पल भर

कुछ को आशियाँ बनाने देता हूँ

बना कर के फिर रोज़ एक

सब गिराने देता हूँ

मैं लोगों को अपने

घर में आने देता हूँ

33. कहता रहूँगा

तू दर्द हो जाए, मैं सहता रहूँगा
हो जाए तू लहर,मैं बहता रहूँगा
हूँ शायर यूँ तो मैं
पल दो पल का मगर
तू हो जाए ग़ज़ल, मैं कहता रहूँगा

34. फ़लसफ़ा

ये फ़लसफ़ा एक ज़िंदगी है,
ये ज़िन्दगी एक फ़लसफ़ा है,
इस फ़लसफ़े में कुछ राज़ी,
इस ज़िंदगी में कुछ ख़फ़ा हैं

35. मैं

मैं बेपरवाह
मैं बेहया
इसी तौर में
क्या क्या गया

36. कहाँ जाओगे

कहाँ जाओगे छोड़कर?
इस मिट्टी को,
माँ की चिट्ठी को
अपने हर ख़्वाब को
आठवी की किताब को
पीपल की छांव को
कागज़ की नाव को
सावन की झड़ी को
उस चाय की थड़ी को
उस खेत को
उस रेत को
हर भेष को
इस देश को
खुशी इस अनंत को
और आपके हेमंत को
छोड़कर कहाँ जाओगे?
छोड़कर कहाँ जाओगे?

37. प्यार

हैं पूछते वो हमसे
की प्यार क्या है
है पूछता कोई छत से
की दीवार क्या है?

38. वो मिली

एक रोज़ मुझे वो मिली,
अरे, कल की ही तो बात है
मुझे वो मिली.
वो कुछ ऐसी
जो चांदनी अमावस की रात कर दे
एक लफ्ज़ भी न कहे
आंखों-आंखों में बात कर दे
हाँ,
कुछ ऐसी ही एक रोज़ मुझे वो मिली
कल की ही तो बात है
मुझे वो मिली.
वो कुछ ऐसी,
जैसे सुरीला कोई साज़ हो
वो ऐसी
जैसे अनजाने सफर का एक खुशनुमा आगाज़ हो
यूँ तो हम सबको बनाया है उसके ही हाथों ने
पर वो कुछ ऐसी
जिसके ज़मीन पे होने पर
खुदा को नाज़ हो.
हाँ ऐसे ही
ऐसी ही एक रोज़ मुझे वो मिली,
अरे कल की ही तो बात है

मुझे वो मिली.
वो कुछ ऐसी
जैसे करवटें बदलते परिंदों का शोर हो
कुछ ऐसी
जैसे मद्धम सुनहरी सी
सर्दी की पहली भोर हो
आसपास हो न हो
फर्क नही पड़ता अब
आंखें मूंदूँ तो लगता है
बस वो ही चारों ओर हो
कुछ ऐसे ही
कुछ ऐसी ही
एक रोज़ मुझे वो मिली
अरे कल की ही तो बात है
मुझे वो मिली.
वो कुछ ऐसी,
जैसे नन्हे होठों की पहली किलकारी हो
कुछ ऐसी
जैसे मेरी दुनिया उसमें ही सारी हो
सोचकर देखो एक दफ़ा
की कितना प्यारा होगा कोई
सोचा हो जो भी तुमने
वो उससे भी प्यारी हो
बस कुछ ऐसी ही एक रोज़ मुझे वो मिली
अरे कल की ही तो बात है
मुझे वो मिली.
वो कुछ ऐसी,

तारीफ में जिसके
नाकाफी मेरा हर मिसरा, हर एक छंद पड़ जाए
वो कुछ ऐसी
जिसके बयान-ए-हुस्न में
क़लम तक मंद पड़ जाए.
ग़र मिलने का वादा करे वो
मुझसे मौत पर मेरी
ख़्वाहिश होगी खुदा से
धड़कनें मेरी बन्द पड़ जाएं
हाँ बस कुछ ऐसे ही
कुछ ऐसी ही
एक रोज़ मुझे वो मिली
अरे कल की ही तो बात है
मुझे वो मिली

39. बेवफ़ाई

वो मोहब्बत में मेरी

बेवफ़ाई ढूंढ रहे हैं,

नादान हैं देखो,

अंधेरों में परछाई ढूंढ रहे हैं

40. रख लेता हूँ

तस्वीर उनकी यूँ ही
मैं साथ रख लेता हूँ
आंखों में हज़ार बातें
दिल में जज़्बात रख लेता हूँ
वो रखती है दिन हिस्से में सारा

देखने को ख़्वाब मैं सारी रात रख लेता हूँ

41. माना

माना, मोहब्बत का सुरूर कम है
उन से आजकल ज़रा सा दूर हम हैं
कह रहा है आजकल ज़माना चाँद उन्हें
इल्म नहीं ज़माने को की उनका नूर हम हैं

42. लगता है

गम मेरा तो आजकल
कहीं गुम सा लगता है
ज़मीं कहो या आसमां

सब तुम सा लगता है

43. लिखता हूँ

मैं तन्हाई में अक्सर सारे ख़्वाब लिखता हूँ
हर सवाल का बारी बारी मैं जवाब लिखता हूँ
वो हैं सोचते लिखेगा जुगनू ही शायद
मगर पन्नों पे हर रात मैं माहताब लिखता हूँ

44. गुलाब

कोई बताए अब उसे क्या जबाब दूं

जो है बहार खुद उसे क्या गुलाब दूं

45. अफ़साने में

सुनाता हूँ लोगों को अक्सर ही मयखाने में

कुछ तो है नशा सा तेरे मेरे अफ़साने में

46. इक रोज़

वो जो इक रोज़ मुरझा जाते हैं

कैसे बदलते हैं मौसम समझा जाते हैं

47. हवाओं में

हवाओं में महक आती नही है
वो शायद अब मेरा इत्र लगाती नही है
शामें लुट गयी सुबह के इंतज़ार में
लगता है अब वो मुस्कुराती नही है

48. मुझे रास नही

मनचला सा हूँ मैं तो परिंदा

तेरे बादलों की बारिश की मुझे प्यास नही

मेरे कायदों के पंख हैं मज़बूत अभी

तेरे कायदों की बेड़ियाँ मुझे रास नही

तेरी हज़ार लानतों की अब परवाह नहीं

न शिक़ायत है मुझे बेरुखी से तेरी

अब उड़ चला हूँ मैं तेरी सोच से परे

तेरी बेरुखी और शिक़ायतें मुझे रास नही

चाहा था ज़माने में सबने

मेरे हौसलों को जकड़ना

पर मुश्किल है सुन लो अब

मेरे ख्वाबों को पकड़ना

रख ले अपने ही पास वो सोच छोटी सी

तेरी सोच के संकरे से गलियारे मुझे रास नही

कोई कसर न छोड़ी थी

मुझे तह तक गिराने को,

कोई साज़िश न छोड़ी थी

मुझे मौत से मिलाने को

पर देख ज़िंदा हूँ आज मैं मेरे इशारों पर

तेरी कसर और वो सारी साज़िशें मुझे रास नही

वो तुम ही थे न

जिन्होंने मुझसे यूँ मुँह मोड़ा था,

तुम ही थे न वो
जिन्होंने बरसों का नाता तोड़ा था
तरसा था मैं भी कभी तेरी वफ़ा को पर सुन
वो तेरी सारी वफ़ा भी अब तो मुझे रास नही
हर लौ को फिर झिंझोड़कर
बुझाया था जो तुमने,
हर महल-ए-ख़्वाहिश को फिर
गिराया था जो तुमने
मेरे महल में रोशन हैं आज
चराग हर जलती याद के
तेरे वो बेरंग से अंधेरे मुझे रास नही
रोका था तुमने हर पल
मेरे सपनों को छूकर आने से,
बांधा था तुमने हर पल
मेरी सोच को उड़ जाने से
छीन लाया हूँ पर आज मैं मेरे ख़्वाब वो सारे
तेरी वो रोक-टोक और बंधन अब मुझे रास नही
सोचा था तुमने हो जाऊंगा
गुमनामी में कहीं धूमिल,
सोचा था होकर बेरंग सा
हो जाऊंगा अंधेरों में शामिल
जुगनुओं सा जल मग़र हूँ रोशन मैं आज तो

वो अंधेर से तेरे अब मुझे अंधेरे रास नहीं

49. अंधेरों में

अंधेरों में अक्सर ही
मैं किताब लिखता हूँ
दरमियाँ तारों के अक्सर ही
माहताब लिखता हूँ
कहाँ होती है उनसे
मुलाकात वो हैं पूछते!
उठाकर क़लम अक्सर ही

मैं 'ख़्वाब' लिखता हूँ

50. उसकी नज़र

उसकी नज़र, उसकी अदाओं की रज़ा है

तभी ज़रा दर्द, ज़रा कलम में मज़ा है

51. कल

किस्मत से परे, तकदीर से मीलों दूर
कल मैं उनसे टकरा गया

52. आफ़रीन

वो बहकी फिज़ा
वो हवा थमी
वो दरिया की बेखयाली
वो आंखों की नमी
वो दिलकश वो दिलनशीं
वो गुल वो महजबीं
क्या हो अब लफ़्ज़ों में
हुस्न वो बयाँ
आफ़रीन आफ़रीन

आफ़रीन आफ़रीन

आभार

"यह किताब मेरे लिए एक किताब से कहीं ज़्यादा है"

यह बात हर लिखने वाला हमेशा कहता ही है और ये बिल्कुल सच भी है. हम यहाँ आज हैं, कल शायद नहीं और परसों तो एक रोज़ ज़रूर यहाँ नहीं होंगे. तब वो क्या होगा जिसे देखकर, सुन कर, पढ़ कर या महसूस कर के लोग हमें याद रख पाएँगे? मेरे लिए ये किताब वही है. लोगों के मन में, उनके दिलों की शाख पर एक घोंसला अपने नाम का बनाने का ज़रिया, जिसे वो जब भी चाहें देख पाएं, पढ़ पाएं, जी पाएं उसमें लिखा हर मिसरा, हर लफ्ज़.

शुक्रिया मेरे माता-पिता का इस ज़िंदगी के लिए और उस सब के लिए जो भी मैं आज हूँ.

शुक्रिया हर्षित शर्मा,
रात के दो बजे इस किताब के शीर्षक और कवर को सोचने की कश्मकश में मदद के लिए.

और शुक्रिया उन सब का जिन्होंने कभी न कभी मेरी की ग़ज़ल, कोई शायरी किसी बस में, रेल में, दरिया किनारे, डूबते सूरज के आगे और न जाने कहाँ, एक दफ़ा सुनने का वक़्त दिया हो और मेरे लफ़्ज़ों को सराहा और सँवारा है.

शुक्रिया जो भी अभी ये पढ़ रहें हैं.
अपनी ज़िंदगी का कुछ हिस्सा मेरे लफ़्ज़ों को देने का शुक्रिया.

आभार

-हेमंत